Nevfel Cumart
Unterwegs zu Hause

# Nevfel Cumart

# Unterwegs zu Hause

## Gedichte

Grupello Verlag • Düsseldorf 2003

Dieser Band enthält eine Auswahl an Gedichten aus den Jahren 1998 bis 2003.

*für amelia und sofia -*
*ohne euch bin ich verloren*

*den atem gottes spüren*

## strategie

meines
vaters
fremde
ist meine
heimat
geworden

meine
heimat
ist die
fremde
meines vaters
geblieben

wo wir
uns
begegnen
ist
niemandsland

# reisen in die türkei

viele tage vorher verschwand plötzlich
unser blauer vw-bus –
mein vater stellte ihn
in der scheune eines befreundeten bauern unter
wir kinder wunderten uns

dann begann das große packen
zwei gepäckträger wurden auf den bus montiert
die hintere sitzreihe ausgebaut eine holzplatte eingesetzt
jeder zentimeter wurde mit gepäck gefüllt
als wäre die reise eine endgültige rückkehr
wir kinder wunderten uns

die geschenke waren längst gekauft
für all die verwandten jung und alt
handtücher hemden hosen strümpfe
kaffee seife deo-sprays gläser batterien schokolade
und noch vor beginn der ferien gab uns die schule frei
wir kinder wunderten uns

dann begann die reise –
wir ließen deutschland hinter uns
fuhren durch österreich jugoslawien bulgarien
und noch weitere tausend kilometer
quer durch die türkei
in deutschland kannten wir die autobahn
in österreich bestaunten wir die berge
in jugoslawien verloren wir oft den weg
in bulgarien schikanierte uns die polizei
in der türkei bekamen unsere eltern feuchte augen
wir kinder wunderten uns

nie erreichten wir ungeschoren adana
einmal brannte der motor unseres busses
einmal wurden wir ausgeraubt
einmal fuhr uns ein auto an
einmal wurde unser vater eingesperrt
einmal hingen wir über dem abgrund
und jedes mal waren die füße unseres vaters
nach der reise angeschwollen wie luftballons
wir kinder wunderten uns

dann kamen sie alle zu besuch
verwandte bekannte nachbarn im viertel
die ersten zwei wochen
um uns willkommen zu heißen
die letzten zwei wochen
um uns eine gute reise zu wünschen
wir küßten tausend hände
tausend mal küßte man
unsere wangen und augen
wir kinder wunderten uns

deutschland war fern die kälte vergessen
die nächte waren kurz die märchen endlos
wir schliefen auf dem dach der mond beschützte uns

dann kam die abreise
nachbarn wie verwandte von nah und fern
versammelten sich im morgengrauen
noch vor dem gebetsruf
umgaben gebete unseren bus
sie gossen einen eimer wasser
hinter uns auf die straße
wir verließen die schmale gasse
die stadt blieb zurück
unsere eltern weinten
wir kinder wunderten uns

**aus vergangenen zeiten**

in der heimat
meines vaters
achtete man die jahre

man schlief auf dächern
eng beieinander
unter weißen schleiern
in der nacht
sprach man mit den sternen
über schicksal und tod

am tisch gehörte
das wort den älteren
das wasser den jüngeren
und das brot
wurde geküßt
wenn es zu boden fiel

## die zeit davor

wann begann ich
zu schreiben?

als ich die fremde heimat entdeckte?
als ich die heiligen gebete lernte?
als die erste liebe mich erfüllte?
nein

als die schläge meines vaters schmerzten?
als meine haut langsam verbrannte?
als mir der tod in die augen blickte?
nein

wann begann ich
zu schreiben?

als die schatten meiner angst
die nächte zerfraßen

# wanderung

sechs jahre lang
sang ich lieder
sechs jahre lang
lebte ich sorglos

dann wurde ich älter –
ich kam in die schule
ich verlor meinen bruder
ich verlor meine schwester

dann ging ich in die welt –
ich traf viele menschen
ich lernte neue sprachen
ich verliebte mich

ich lachte
ich log
ich weinte

die tage wurden kürzer
die träume verschwanden
die nächte nahmen mich auf –
                    ich wollte wieder sechs sein

# meine erste liebe

ich war gerade vierzehn
als ich mich verliebte
sie war das schönste mädchen
ihr gesicht ein windhauch
aus der mongolischen steppe

unsere lehrer waren irritiert
unsere schulleiterin brüskiert
ihre mahnung war hart und deutlich:
händchen halten nicht erlaubt
schmusen in der schule tabu

meine eltern waren schockiert
ihre welt geriet aus den fugen
nicht weil meine liebste eine deutsche war
das verbot galt grundsätzlich war rein moralisch –
ihr credo: keine freundin vor der ehe

ihr vater war borniert
er gab mir keine chance
niemals durfte ich sein haus betreten
kein wort konnte ich mit ihm reden –
sein credo: kein türkenlump unter meinem dach

gott war für uns
die welt gegen uns
schwer wog die trennung
schwerer wogen die lügen
die stunden wurden kostbar
die versprechen wurden fleisch
doch
in heimlichen augenblicken
und erbärmlichen verstecken
erstickte unsere liebe
nach sechs endlosen jahren

## die hochzeit meiner schwester

für ihre hochzeitsfeier
im türkischen sommerurlaub
brauchte meine schwester
eine sondergenehmigung vom gouverneur –
adana lag im bürgerkrieg
es herrschte ausgehverbot
nach einbruch der dunkelheit

am ersten abend
feierten sie im haus meines onkels
ich blieb abseits –
vom dunklen dach
schaute ich auf die
tanzenden verwandten im hof
mit schmerzlicher gewißheit –
diese art der freude würde ich nicht erleben
hatte mich für einen anderen weg entschieden

am zweiten abend
war die große feier im festsaal
das viertel wurde
von soldaten bewacht
überall polizisten in zivil
und trotzdem eine ausgelassene feier
mit musik tanz und vergnügtem lachen
bis in die morgenstunden

vier tage später
noch vor sonnenaufgang
verließen wir adana ohne meine schwester
mein vater konnte kaum fahren
meine mutter weinte laut aufschreiend
wir kinder versanken im traurigen vw-bus
jeder meter war eine qual –
am tag darauf putschte das militär

# mein freund detlef

in den jahren meiner kindheit
gab es wenige glückliche sonntage

oft besuchten wir meinen kleinen bruder
er lebte weit weg von uns
in einem heim für behinderte kinder
manchmal spielte ich fußball
und schoß mehr tore als alle anderen
manchmal kamen die heiligen meister
und ich rezitierte heimlich arabische verse

selten nahm mich
mein freund detlef
zu sich nach hause
sein vater war kapitän
und immer auf hoher see
seine mutter war nett zu mir
wie detlef auch –
bei ihnen war ich gut aufgehoben

jedes mal gab uns seine mutter
eine große tafel feinste marabou-schokolade
manchmal schauten wir uns
lachend jerry-lewis-filme auf video an
manchmal aßen wir brote
mit erdnußbutter und aprikosen-marmelade
tranken kalte milch dazu
manchmal spielten wir tischtennis im keller
fuhren mit der spielzeug-eisenbahn
warfen bunte darts-pfeile an die wand

in den jahren meiner kindheit
gab es wenige glückliche sonntage
die tage bei meinem freund detlef
gehörten dazu

**der weg zu**

zuerst
glaubte ich
an die vögel

dann
entdeckte ich
den himmel

die sterne
schließlich

führten mich
zu den träumen gottes

**gott und ich**

der mond
ist mein zeuge:

jedes wort
jede zeile
jede strophe
schreibe ich
um einen
schritt
näher
zu gelangen
diesem schleier
der mich
von dir
trennt

**mein begräbnis**

in den gassen
wo kein kreuz
an den wänden hängt
in dem viertel
wo kein minarett
in den himmel ragt

begrabt mich

dort
wo das gras
hüfthoch steht
wo die bäume
ihr grün tragen

ich möchte den ameisen nahe sein
möchte den atem gottes spüren

## ich sah einen mann

ich sah einen mann
dessen eltern früh starben
der sich nach der schule sehnte

ich sah einen mann
der mit neunzehn seine heimat verlor
dessen herz vor sehnsucht brannte

ich sah einen mann
dessen frau krank war – unheilbar
dessen geduld einem stein glich

ich sah einen mann
dessen rückgrat verkümmerte
der nicht mehr arbeiten konnte

ich sah einen mann –
er hätte mein vater sein können

**erste liebe**

ich war noch jung
als ich mich verliebte

ich ahnte nichts von
der einfalt meines lehrers
der eine karriere für mich vorsah
statt liebe

ich ahnte nichts von
der tradition meiner vorfahren
die unberührte lippen für mich vorsah
statt liebe

ich ahnte nichts von
der ablehnung ihres vaters
der hausverbot für mich vorsah
statt liebe

ich war noch jung
als ich mich verliebte

ich hielt an meiner liebe fest
ich begann zu träumen
ich lernte das lügen
ich vergoß viele tränen
und als die liebe erstickte
verlor ich meine zunge

## träume meiner kindheit

die sommer meiner kindheit
verbrachte ich in adana
inmitten des lebendigen viertels
in dem sich ein gemisch
aus arabisch türkisch kurdisch
wie ein bunter flickenteppich
auf die schmale gasse legte

die sonnentage waren voll mit geschichten
von den zahllosen verwandten
aus nah und fern –
eine handvoll ans herz gewachsen
viele andere mir kaum bekannt
die märchennächte waren unendlich lang
unter dem schimmernden moskitonetz
bevor der schlaf uns umarmte
auf den warmen flachen dächern

am golf von iskenderun
entdeckte ich den reichtum des meeres
tauchte in die blaue tiefe
sang auf brüchigen fischerbooten
die arabischen spuren meiner vorfahren
waren zum greifen nah
in der druckerei meines onkels vehbi
lernte ich die stunden zählen
und gewann die achtung vor dem papier
auf den feldern meines onkels ibrahim
lernte ich die pflanzen kennen
und die vier richtungen des himmels

und jedes mal
wenn wir nach deutschland aufbrachen
blieben einige träume meiner kindheit
in der schmalen gasse zurück

# bezahlung

auf den spuren
des brotes
opferte
mein vater
seine besten jahre

die fremde
bezahlte
mit träumen
die sich
nicht erfüllten

**närrisch**

ich will
daß der schlaf nie endet
mein körper
soll
nicht kalt werden
der tod
soll flüchten aus den büchern

ich will
daß der schlaf nie endet
meine augen
sollen
im dunkeln bleiben –
       wie närrisch
       liebe ich meine träume

*märchen aus vergangenen zeiten*

## meine tochter

meine tochter
die kleine honigblume –
in ihren augen schimmert das blau der meere
ihre schwarzen locken
erzählen märchen aus vergangenen zeiten
als die angst noch nicht laufen konnte

meine tochter
die kleine wüstenakazie –
vierzehn monate und einen tag schon
bereichert sie unser leben
vierzehn monate und einen tag schon
gilt die neue zeitrechnung
die schäfchen katzen pferde
und rentiere in unser haus trieb

zwei weiche zähne hat meine tochter
einen braunen stoffhund immer in ihren armen
einen weichen schnuller mit glöckchen am roten band
und ein paar blaue schuhe aus athen
in denen sie herum stolziert
auf unsicheren beinen

meine tochter
die kleine dattelpalme –
auf meinen reisen
sehne ich mich nach ihr
wenn sie schläft
lausche ich ihrem atem
in den nächten
widme ich ihr gedichte –
nichts lindert
meinen schmerz so sehr
wie das lachen meiner tochter

**nachtwache bei amelia**

nachts
an deinem stubenwagen
wache ich
über deinen schlaf
meine kleine honigblume

ich wage nicht
meine augen zu schließen
nicht für eine sekunde –
                ich möchte
                keinen atemzug
                von dir
                verpassen

## mahnung für amelia

hallo
lieber gott
ich habe
zwei stunden
schlaf bestellt
für meine tochter –
wo bleibt er?

könntest du
bitte
möglichst bald
den schlaf
in ihre augen
fließen lassen?

**amelias erstes jahr**

meine kleine honigblume
in diesen zwölf monaten
gab es wohl
augenblicke
in denen deine tränen
sich mit meinen vermischten
gab es wohl
frühe morgenstunden
in denen dein hunger
meinen schlaf vertrieb

meine kleine wüstenakazie
in diesen zwölf monaten
gab es wohl
zeiten
in denen ich mich
um deine gesundheit sorgte
in denen
die milchflasche dich nicht sättigte
in denen
deine windeln überquollen

meine kleine dattelpalme
in diesen zwölf monaten
gab es wohl
tage
an denen ich schweren herzens
zu lesungen aufbrach
gab es wohl
nächte
in denen ich
in fremden hotelzimmern
deinen geruch aufsog
vor sehnsucht nach dir
mir auf die lippen biß

meine kleine tochter
du schwarzhaarige
schwester meines herzens
in diesen zwölf monaten
gab es wohl
augenblicke
in denen unsere gemeinsame zukunft
ungewiß schien
gab es wohl
augenblicke
in denen die angst
mich zu lähmen schien

doch
niemals
in diesen zwölf monaten
niemals
verschwand
dieses unfaßbare glück
dich bekommen zu haben

**amelias atem**

in der nacht
glaubte ich
das weinen
meiner kleinen honigblume
zu hören

ich lief in ihr zimmer –
doch sie schlief
im mund ihr schnuller
im arm der braune teddy
der eigentlich ein hund ist

ihr atem ging regelmäßig
sanft hob und senkte sich
ihre sechs monate alte brust
ich blieb eine
ich blieb zwei
sogar drei stunden
an der wiege meiner tochter

von
den vögeln am himmel
bis hinunter
zu den fischen im wasser
war liebe in dieser nacht

**seitdem amelia da ist**

seitdem meine tochter da ist
habe ich den schlaf eines vogels
selbst der akku des rasierers
weckt mich beim heimlichen entladen

seitdem meine tochter da ist
dreht sich alles um ihre nahrung
selbst die bläschen in der milchflasche
verdienen mehr beachtung als unser mittagessen

seitdem meine tochter da ist
läuft die heizung tag und nacht
selbst der spalt in der wohnungstür
wird mißtrauisch beäugt

seitdem meine tochter da ist
weht der atem gottes durch unser haus
gehören die abende uns allein
selbst das telefon bleibt unerhört

**amelia gott und ich**

er ist dir näher
als deine halsschlagader
ich bin dir so nahe
wie dein junger atem
er gab dir dein augenlicht
ich gebe dir warme milch

du bist ein teil von ihm
ich bin ein teil von ihm
getrennt sind wir beide von ihm –
du bist ein teil von mir
ich bin ein teil von dir
im kern sind wir eins

auf dem weg zu ihm
sind unsere reittiere langsam
ein steiler pfad
ein langes leben
voller abenteuer
erwartet uns

## amelias größe

wenn es
nach der liebe ginge
wäre
die kleine honigblume
schon längst
zwei meter zehn

doch
für den körper
zählen nur milchpulver und fencheltee
nur flaschennahrung und apfelmus
für den körper
zählen nur patates fisch und joghurt
nur tiri psomi und pasta
und
der heilige schlaf
in den nächten –
deswegen kommt
die kleine wüstenakazie
mit ihren achtzehn monate
und drei tage
nur auf siebenundachtzig zentimeter

## amelias erste ohrenentzündung

der freundliche arzt in serre chevalier
meint es gut
mit der kleinen honigblume –
er wollte unseren urlaub retten
und verschrieb medikamente en massé:
antibiotikum gegen die entzündung
zäpfchen gegen die schmerzen
ein spray für die nasenspülung
paracetamol gegen das fieber
celestene-tropfen gegen den durchfall
und einiges andere mehr

die französische pharmaindustrie
meint es gut
mit der kleinen wüstenakazie –
sie wollte unseren urlaub retten
und hatte raffinierte mittel eingesetzt:
das antibiotikum war eine lösung
die nach banane schmeckte
die zäpfchen waren dünn
mit gleitschicht und vorne abgerundet
das paracetamol war ein sirup honigsüß
die celestene-tropfen waren klar
unauffällig geschmacklos
das spray war mild
roch süßlich angenehm wie babycreme

der freundliche arzt in serre chevalier und
die französische pharmaindustrie
hatten die rechnung
ohne meine kleine tochter gemacht:
das bananen-antibiotikum
spuckte sie auf mein hemd
beim zäpfchen versteifte sie sich so sehr –
nicht einmal ein härchen wäre eingedrungen
als nach zähem ringen und kopfkreisen
ihre nase in meinem griff war
prustete sie das spray wieder aus

enfant amelia ließ sich einfach
nicht austricksen:
mischte ich das paracetamol in apfelmus
spuckte sie es aus
die celestene-tropfen im fruchtjoghurt
spuckte sie aus
und ihren geliebten fencheltee
trank sie nur
wenn ich ihn vor ihren augen abfüllte –
nicht einmal
das dünne plättchen
zum fiebermessen
ließ sie an ihre stirn

mein gott
wie soll es erst werden
wenn meine kleine tochter
schlimm erkrankt?

**amelias erwachen**

wenn meine kleine honigblume
aus dem schlaf erwacht
gleichen ihre bewegungen
dem auftauchen
aus der tiefe des meeres

zuerst strampelt sie kräftig
mit ihren beinen
um die tiefe zu verlassen
dann verweilt sie einen augenblick
seufzt ein zwei dreimal
um den druck auf die ohren auszugleichen

dann  strampelt sie erneut
um an die oberfläche zu gelangen
dabei streckt sie ihren rechten arm aus
hält die hand kreisend über ihren kopf
für den fall
daß sich boote über ihr befinden

dann schnappt sie nach luft
um ihre lunge zu füllen
und wenn sie schließlich
ihre augen weit öffnet
blickt sie sich still um
entdeckt die welt aufs neue –
                    rot grün blau
                    ohne brechungen

# gebete für amelia

gebete auf türkisch
um den bösen blick zu bannen
gebete auf griechisch
um den schutzengel zu rufen
gebete auf deutsch
um einen tiefen schlaf
gebete auf arabisch
um fruchtbare träume

gebete im zug
damit es keine verspätung gibt
gebete im auto
damit das fieber nicht ausbricht
gebete von nene pakize
damit die zähne gerade wachsen
gebete von oma helga
damit die schritte fester werden
gebete von yaya alkestis
damit die trennung schneller endet

gebete für amelia
gebete tag und nacht
gebete für amelia
damit gott über sie wacht

## amelias schlaf

wenn die gedanken
an die abreise
meinen kopf quälen
wenn die angst
vor der trennung
in meinem magen brennt
wenn der zeitdruck
mir den schweiß auf die stirn treibt
die vielen arbeiten drohen
meine schultern zu zermahlen –
dann gehe ich
in das zimmer
meiner kleinen honigblume

ich betrachte
ihr friedliches gesicht im schlaf
ihre ausgestreckten arme
ihre vibrierende nase
den schnuller in ihrem mund

ich lausche ihrem atem
berühre sachte ihre wange
ihre haare
ihre sechs monate alten finger –
     die last meines alltags
     zerschmilzt in amelias schlaf

## amelias erster zahn

oma helga
fühlte ihn
noch unsichtbar
klopfte mit einem teelöffel
gegen das zahnfleisch

nene pakize fragte
bereits ungeduldig am telefon
yaya alkestis
träumte im fernen athen von ihm
als erste erblickte ihn
nejla hanım
die türkische kinderfrau
und brachte am nächsten tag
schokolade für die kleine feier mit

da war er:
amelias erster zahn
klein weiß gerade spitz
über nacht
ausgebrochen
lautlos
kein fieber
kein durchfall
keine schreie
keine schlaflosen nächte –
           welch ein
           zahmer zahn

## was mit amelia kam

mit amelia kamen
die angst vor der grippe
die wärme im badezimmer
der stubenwagen mit weichem schafsfell

mit amelia kamen
die langen abende daheim
das lauschen in den nächten
das frühe erwachen voller neugier

mit amelia kamen
geschenke von fremden menschen
besucher aus nah und fern
kinderfrauen mit sanften händen

mit amelia kamen
die gebete in unser haus
die tränen in kurzen momenten
das unerwartete glück
das sich nicht in worte fügt

## amelias spielzeuge

als kind
spielte ich aus zweiter hand

die alten lego-steine
schenkte mir die mutter eines freundes
weil in den regalen kein platz mehr war

das alte fahrrad
schenkte mir ein schmied
dem ich oft nach der schule half

die alte zwille
schenkte mir ein cousin
am traurigen ende des türkei-urlaubs

meine tochter
die kleine honigblume
lebt in einer anderen zeit:
ihre mutter kauft ihr ein dreirad
einen lastwagen
eine wippe
und die lego-steine sogar in doppelter ausführung
ihre mutter bestellt
für sie einen sandkasten mit dach
ein plantschbecken mit liegefläche
eine schaukel eine gondel und eine rutsche
aus dem neuesten katalog
und
zum ersten mal
in meinem leben
nahm ich beton und kelle
in die hand
damit die rutsche meiner tochter nicht wackelt

# die wahrheit über amelia

in den
schlauen büchern
über kinder eltern
und alles andere
habe ich gelesen
daß ein kind
bis zu seinem zehnten lebensjahr
hunderttausendmal
nein
hört
von seinen eltern

das stimmt nicht
das stimmt
ganz bestimmt nicht

meine tochter
die kleine honigblume
hat schon mindestens
fünfzigtausendmal
nein
gesagt –
und sie ist erst
zweiundzwanzig monate
und neun tage alt!

## amelias erste worte

aus drei sprachen schöpft
meine kleine honigblume
ihre ersten worte

morgens soll nur der baba
sie aus dem bett holen
yaya ruft sie
ihrer oma entgegen
pipila sagt sie
für den schnuller
elma sagt sie für den apfel
buch will sie haben
morgens und abends
um die griechischen bilder zu betrachten

ghala ruft die kleine wüstenakazie
wenn sie die milchflasche will
su ruft sie
wenn sie wasser trinken möchte
katze heißt es
wenn jemand sich hinsetzen soll
oder aber otur
und wenn das essen nicht reicht
klagt sie bitti
und fordert: noch mehr noch mehr

doch ihre lieblingsworte
mit achtzehn monaten heißen:
alleine und moni
alleine schuhe anziehen
moni einseifen alleine duschen
moni eincremen alleine joghurt essen
moni windeln wechseln
und die riesige gabel
mit dem pfirsichstück
will sie auch moni in den mund führen

**amelia in genf**

die fünf luxussterne
des hotels president wilson
beeindruckten
meine kleine honigblume
nicht im geringsten

einen steinwurf vom see entfernt
zwischen geschäftsleuten aus beirut
und messegästen aus taiwan
zwischen genfer juwelieren
und verschleierten frauen
stolzierte sie
schwankend und wankend umher

im labyrinth aus
chinesischem porzellan
diamantenen uhren
historischen gobelins
und modernen notenständern
fand die kleine wüstenakazie
stets den weg zur gefährlichen marmortreppe

worte nützten nichts
weder deutsch noch türkisch noch griechisch
einzig augusto
der schwarze bell-boy
in grüner uniform
und den weißen handschuhen
konnte sie
für einen kleinen augenblick stoppen

## auf dem weg zu amelia

18 uhr und ich bin noch nicht daheim
was macht wohl meine kleine honigblume gerade?

vielleicht krabbelt sie
im wohnzimmer umher
richtet sich an dem niedrigen glastisch auf
greift zur kristall-karaffe
oder zum bilderrahmen
hoffentlich ruft die kinderfrau
rechtzeitig ein lautes nein in den raum

19 uhr und ich bin immer noch nicht daheim
was macht wohl meine kleine wüstenakazie gerade?

vielleicht trinkt sie ihre milch
vielleicht hört sie ein kinderlied
vielleicht schmust sie mit ihrer mutter
vielleicht bekommt sie eine neue windel
greift dabei zur puderdose
wirft ihren schnuller in das waschbecken

20 uhr und ich bin immer noch nicht daheim
was macht wohl meine kleine tochter gerade?

vielleicht schläft sie schon
nach langem sträuben gegen den schlaf
vielleicht träumt sie gerade
vielleicht schreckt sie auf
und beginnt zu weinen –
hoffentlich findet sie
einen der schnuller in ihrem bett

verflucht sei die bahn –
mit ihren verspätungen und den verpaßten zügen
verhindert sie daß ich meine tochter sehe
ehe die nacht sie in die arme schließt

*die träume buddhas*

## zwischen uns

wieder bin ich
auf reisen
geliebte
streife durch das land
entlang der schienenstränge
hannover regensburg koblenz münchen
diese woche
die bahn meine karawane

zwischen dir und mir
liegen
bücher gedichte geschichten
und das publikum
zwischen dir und mir
liegen
lesungen
die uns brot und zwiebeln geben

auch wenn die nacht früh anbricht
die sonne dein gesicht nicht streichelt
auch wenn die kälte dich quält
die einsamen stunden
langsam vergehen
vergiß nicht
geliebte:
die frau eines dichters
sollte stets gute gedanken haben –
                          und geduld

## reisegedanken

ohne täler
ist der weg weit

ohne meere
fällt der abschied schwer

ohne sterne
ist die richtung ungewiß

ohne vater mutter
ist man allein –

einsam ist man
ohne bücher

# münchen hauptbahnhof

der wind treibt sie hinein
zeit eile mühe finsternis
schnee und eis bleiben draußen
die gnadenlose kälte nicht
läßt die rippen erbleichen

die gestrandeten
klammern sich an metallgeländer
eisig
die hoffenden
drücken die knöpfe der schließfächer
vergeblich

mittelmeer-dialekte
schwirren umher
wortfetzen
suchen ferne ohren
ein hauch von heimat
vermischt mit dem frostigen geruch der fremde

hoch oben stehen polizisten
beobachten das geschehen
wie die matrosen der titanic
über ihren köpfen strahlt coca-cola
rot weiß geschwungen
verbindet mich mit der welt

# bangkok I

diese stadt hat kein gesicht
    dafür tausend masken
    in bunt schillernden farben
manche als verzerrte tempelfratze
manche als gütiges lächeln

diese stadt hat keine straßen
    dafür einen königsfluß
    auf ihm unzählige boote
manche mit langen schwänzen
manche mit spitzen nasen

diese stadt hat keine nächte
    dafür vierundzwanzig stunden
    im wechsel der karawanen
manche mit giftiger hitze
manche mit nacktem schweigen

## bangkok II

menam chao praya
der königliche fluß –
schlängelt sich durch das herz der stadt
einst die prachtavenue
des königs rama I.
die aorta des freien landes

schwärme von longtailbooten
peitschen über das wasser
an den ufern
wohnhäuser hochhäuser gasthäuser
holzhütten mit rostigen blechdächern
tempel mit schillernden kuppeln
an den ufern
behausungen von seezigeunern
lastkähne aus vergangenen zeiten
hotels die in den himmel ragen
gläsern gewunden glitzernd
an den ufern
gelegentlich ein flecken grün
dem verkauf trotzend
verwaiste bäume
schaukelnde pontons
graue brückenpfeiler
die ein morgen versprechen

menam chao praya
der königliche fluß –
auf seinen schmalen wellen
treiben die träume buddhas
hinaus auf das meer

## raffles hotel singapur

hermann hesse
wohnte hier
joseph conrad und
rudyard kipling
stiegen hier ab
noel coward auch
w. sommerset maugham
blieb über drei monate
und ein photo zeigt
james a. michener
auf dem großen bett
seine bücher vor sich ausgebreitet

sie reisten schon
immer viel umher
schriftsteller und dichter
wurden beachtet respektiert
willkommen geheißen

zu der zeit
als ich das raffles betrat
herrschte ein strenger dress-code:
hotelgäste und touristen
auch dichter
in bermuda-shorts
wurden nicht bedient

## auf den straßen hanois

es herrscht gerechtigkeit
auf den straßen hanois
ein fahrrad
zählt soviel wie ein moped
ein auto kann sich
mit einem bus messen

es herrscht leben
auf den straßen hanois
garküchen dampfen an jeder ecke
fliegende händler mit farbigen ständen
friseure unter schattigen platanen
sogar das wohnzimmer
wird auf den gehsteig verlegt

es herrscht demokratie
auf den straßen hanois
alles strömt herbei
alles fließt dahin
alles findet sich –
was braucht es ampeln
was braucht es schilder
was braucht es verkehrspolizisten
sie könnten dem heer der mopeds
niemals herr werden

## dublin fünf jahre später

pech vielleicht
daß ein rugby-match bevorsteht
am verregneten samstag

die busse überfüllt
alle taxis besetzt
die straßen verstopft
die cafés überlaufen
keine freien betten
zu beiden seiten des liffy –
ausnahmezustand

auch der montag
bietet ein neues bild:
hektisches treiben auf den straßen
neue autos an jeder ecke
mobile phones an jeder zweiten hand
neue fassaden neue geschäfte im commerce-style
tommy hilfiger ralph lauren
donna kara max mara
bevölkern die straßenfront
und der chinesische kellner
bei eddie rockets
versteht kein englisch

## von dublin nach galway

auf der national road in luftiger höhe
nehmen die schlaglöcher ständig zu –
kein guter tag für aer lingus

während unter uns
die reiher über dem see kreisen
die stämmigen pferde auf der weide grasen
während unter uns
die zottigen rinder und kühe sich paaren
die weißen schafe herumtollen
nichts ahnend von den stürmen im himmel
versucht der pilot
die richtung zum flughafen einzuschlagen –
von landeanflug keine spur
mehr ein torkeln ein straucheln
der erde entgegen

ich wünschte
mein freund harald
säße an meiner seite
sein zittern
würde mir mut machen

**oman I**

die nächte sind durchsichtig
die straßen beleuchtet über berg und tal
die hand des sultans ist freigiebig –
das schwarze gold trübt den blick nicht

der ozean treibt fische ans land
der heilige monat läßt das leben ruhen
die dämmerung vereint die familien –
das schwarze gold trübt den blick nicht

## ocho rios jamaica

hoch über den riffen
auf der bougainvillea-terrasse
an den glastischen sitzen
die wellen hören
die pfaue hören
das schnurren der gefleckten katze
zu unseren füßen
das konzert der grillen beginnt
sobald die sonne untergeht
dann suchen
die chamäleons unsere wärme

hoch über den riffen
auf der bougainvillea-terrasse
an den glastischen sitzen
umgeben von tropischem grün
blau gelb rot beleuchtet
no problem mon
säuselt delroy der barkeeper
acht stunden von deutscher kälte entfernt
yeah mon
nickt horatio der maitre
tänzelt um die tische
zeigt lachend seine weißen zähne
während die sterne uns
ihre lebensgeschichte erzählen –
cool runnings
auf dem weg zum nachttraum

# die wunder hanois

das krankenhaus
wurde bombadiert
die ministerien
die schulen
die straßen
eine kraterlandschaft

die brücken und häuser
in den randbezirken
wurden bombadiert
die schienen
die märkte
die banken
die französische botschaft auch

bombe um bombe
regnete auf hanoi
überlebt haben
bäume
im herzen der stadt
baum
für
baum
ein wunder

# rund um hanoi

dieser einsame baum
mit seinen staubbedeckten blättern

dieser wasserbüffel
mit seinem schlammigen fell

dieser fahrradfahrer
mit den tonkrügen auf dem rücken

diese stählerne brücke
die zweihundert angriffe erlebte

der rote fluß
mit seinen trüben seitenarmen

diese vierköpfige familie
die auf dem mofa fährt

diese ächzende straße
deren wunden nicht verheilen

sie alle atmen
die schwere luft
sie alle hören
den gesang des todes

## tanjung rhu langkawi

der große spiegel
in unserem badezimmer daheim
wirkt geradezu uneben
verglichen mit der samtglatten wasserfläche
in der bucht von tanjung rhu

kleine inseln
ragen aus dem wasser
fischerboote
ruhen unter der sonne
trotz der ferne
ist thailand greifbar
am horizont auf zehn uhr
phuket sichtbar
in meinem rücken
ein geschwungener halbmond
voller casuarina-bäume

während in bamberg
ein schneesturm tobt
die heizölpreise in die höhe schießen
während das neue millenium
die gemüter erregt
notfallpläne aufgestellt werden
läßt die sonne
in tanjung rhu
die fische im wasser atmen

## tauchfahrt in st. lucia

seit dem frühen morgen an der marina
doch das boot kam nicht
war am strand aufgelaufen –
ersatz wurde gefunden nach drei stunden suche
ein katamaran riesig rostig verdreckt

zwei stunden fahrt bis wir den divespot erreichten
den tauchgang führte eine frau
die sich später als köchin entpuppte

als wir auftauchten
erwartete uns die polizei
vorbei das diving
wieder zwei stunden fahrt
zur polizeistation im hafen
dort wußte niemand etwas
von unserem vergehen
kurzerhand nahmen sie
unseren kapitän fest
beschlagnahmten den katamaran
und mit ihm auch uns

ein buddy aus connecticut
protestierte lauthals
sie nahmen ihn in die mangel
und unser john wayne schwieg
irgendwann in der nacht
entließen sie uns endlich
in ein taxi gepfercht brachten sie uns ins hotel

in all dem chaos trug niemand den tauchgang
in mein logbuch ein
kein stempel keine bestätigung keine unterschrift
wie soll ich denn nur
den nächsten tauchschein erwerben?

## bali III

die dämmerung senkt sich nieder
die brandung schöpft atem
die wellen verharren

die kokospalmen
richten sich auf
blicken stolz
der nacht entgegen

in den tempeln
kehrt schweigen ein
die wächter verlassen ihre sitze
die opfergaben liegen beisammen

verklungen sind die gebete
die gefahr ist gebannt
das grün kann atmen

nachts
schlafen
die teuflischen dämone
die götter
aber
ruhen nicht

## st. martens b&b galway

die unruhigen träume
weichen dem letzten tag
am fenster ertrinken
die morgenstunden im regen

die sonne
liegt noch im schlaf
meine sehnsucht
verharrt im kühlen schatten

die gedanken an die reise
geliebte
wärmen meine klammen finger

meine füße
sind schon
auf der landstraße
richtung shannon airport
stunden nur
liegen
zwischen uns

## surat thani thailand

wildes grün
umsäumt die flußarme
ein labyrinth für boote
im vorhof der stadt

offene häuser
balancieren
auf dünnen stelzen
bunte hemden
hängen an leinen
ein lächeln zum gruß
streicht über das wasser
freudig winseln die hunde
junge affen spielen
in den baumkronen
reife früchte
hängen zum greifen nah
über unseren köpfen –
                    der bauch wird satt
                    das auge aber
                    ist unersättlich

# rhodos

der koloß am hafen ist legende
die belagerung der stadt geschichte
die yacht am hafen eine augenweide
die fahrt nach marmaris eine erholung

der name der insel ist legende
die griechische gastfreundschaft geschichte
das abgelegene dorf eine augenweide
die brise am meer eine erholung

doch meide die altstadt
reisender
den unhöflichsten kellnern
begegnest du in ihren gassen
unrasierte rüpel
für die service nichts zählt
einzig das geld der touristen
rastlose schreihälse ohne anstand –
meide die altstadt
reisender
die schande der ägäis
findest du in ihren gassen

*mit brennendem herzen*

## im anfang war

die zeit war jung
unschuldig
hatte noch keinen himmel gesehen
als die sonne erglühte

die zeit war jung
unsicher
hatte noch keinen berg gesehen
als die sterne geboren wurden

die zeit war jung
ungläubig
hatte noch kein blut gesehen
als das meer zu atmen begann

**weisheit des meeres**

in dieser blauen welt
lebt ein schweigender geist
der älter ist
als du und ich
älter als die bäume
älter als die vögel
älter als die berge
älter noch
als der name gottes –
        das meer ist weiser als wir

## von dem meer

die wasser fließen von ost nach west
die wasser fließen von nord nach süd
umschlingen die länder
das meer ist unteilbar

die wasser fließen von west nach ost
die wasser fließen von süd nach nord
umschlingen die städte
das meer ist zeitlos

die wasser fließen durch berg und tal
die wasser fließen durch feld und wald
umschlingen die dörfer
das meer ist fruchtbar

**vor mir**

sie alle
waren vor
mir da

schildkröten
eidechsen
fische
selbst hunde

wie alt
ich bin
weiß gott allein

**gottes gebet**

die berge
und meere –
sie beten nicht
sie sind
gottes gebet

sie waren da
noch bevor
der mensch
in den himmel blickte
noch bevor
er den donner hörte

wir
werden
geboren
leben
sterben

die berge
und meere
aber bleiben

**immer und überall**

es ist nicht die nacht
es ist nicht der morgen
es sind die gedanken

es ist nicht der regen
es ist nicht der tag
es sind die gedanken

es sind nicht die nachrichten
es sind nicht die sorgen
es sind die gedanken
die mich quälen

## durchsichtige jahre

seinen träumen
kann niemand entfliehen
deswegen halten
wir an unserer kindheit fest

seinen nächten
kann niemand entfliehen
deswegen vergöttern
wir die fernen sterne

seiner stunde
kann niemand entfliehen
deswegen beschwören
wir das gestern und morgen

seiner liebe
kann niemand entfliehen
deswegen sehnen
wir unseren tod herbei

## von welchen welten

welcher wind trug dich her
welche berge liegen hinter dir
sind dies augen oder sterne?

welche wege bist du gewandert
an welchen ufern bist du gestrandet
sind dies haare oder märchen?

welche tage hast du gelebt
welche nächte hast du geschlafen
sind dies lippen oder träume?

solch ein gesicht
sah ich
solche worte
hörte ich
niemals zuvor

von welchen welten bist du gekommen?

**im juli 2001**

was gibt es sicheres
        was verläßliches
        in meinem leben?

daß mein freund rudi unsere verabredung einhält?
sicher nicht
daß ich beim fußball tore schieße?
sicher nicht
daß nach vier tagen regen die sonne scheint?
sicher nicht
daß mein zug nach münchen pünktlich abfährt?
sicher nicht
daß meine frau auf anhieb urlaubsflüge findet?
sicher nicht

was gibt es sicheres
        was verläßliches
        in meinem leben?

daß meine kleine tochter
jeden morgen nach dem aufwachen
mich freudig anlacht –
        ganz bestimmt!

**reichtum**

in dieser
mondlosen nacht
werfe ich
meine träume
hinaus in die weite
die vögel sollen sich
an ihnen satt essen

meinen atem
schenke ich
den schlafenden bäumen
meine augen
leihe ich
den mäusen auf dem feld

ich habe
mein herz geleert
mein stift ist bereit

**naiv**

eins
zwei
drei
vier
fünf
sechs
sieben
acht
neun
zehn
elf
zwölf ziffern
zwei zeiger
eine uhr

wie naiv –
die zeit kennt keine grenzen
sie paßt in keinen kreis
ziffern können sie nicht halten
zeiger können sie nicht spalten

## zwei blicke auf den einen

ein deutscher lokführer
der auf gott vertraut
ist ein gläubiger
mit 150 toten im rücken
ein liebling des pfarrers

ein ägyptischer pilot
der auf gott vertraut
ist ein fanatiker
mit 150 toten im rücken
ein liebling der medien

## prüfung

neulich bat
am flughafen frankfurt
ein katholischer pfarrer
aus einem afrikanischen land
um asyl

er wurde für wochen eingesperrt
mehrfach verhört
und zum schluß
fünf stunden lang geprüft –
um zu beweisen
daß er ein pfarrer sei

weil er die christologischen kontroversen
in der alten kirche
nicht im detail kannte
weil er die politische ethik
in den werken von hegel und kant
nur in grundzügen kannte
wurde sein asylantrag abgelehnt

## amerikas vietnamkrieg

wo starben
die meisten amerikaner?

bei der landung in da nang? nein
am fuße der marmorberge?  nein
bei der tet-offensive?       nein
in den tunneln von cu chi?   nein

wie starben
die meisten amerikaner?

durch giftige pfeile?        nein
durch gewehrkugeln?          nein
durch granaten?              nein
durch fallgruben?            nein
durch tellerminen?           nein

wo und wie starben
die meisten amerikaner?

in ihrer heimat
durch eigene hand –

      *sie sind dem feind*
      *begegnet*
      *und der feind*
      *waren sie selbst*

## aus einem vietnamesischen lied

was haben dir die bäume
angetan
daß du sie entlaubst

was haben dir die büffel
angetan
daß du sie abschlachtest

was haben dir die brunnen
angetan
daß du sie vergiftest

was haben dir die brücken
angetan
daß du sie sprengst

was haben dir die dörfer
angetan
daß du sie bombardierst

was haben dir die kinder
angetan
daß du sie verbrennst

wir werden
neue bäume pflanzen
neue büffel züchten
wir werden
neue brunnen und brücken bauen
tausend neue dörfer errichten
wir werden
hunderttausend kinder haben
die dich und deine steinzeit
überleben werden

## türkische karrieren

erst kommt das engagement
ein roman vielleicht oder ein gedicht
eine rede vielleicht oder ein interview
eine kassette vielleicht oder ein konzert
manchmal genügt auch
die teilnahme an einer demonstration

dann kommt das gefängnis
mit schlägen mit hunger mit durst
ohne licht ohne anwalt ohne schutz
ganz nach der jahrhundertealten tradition

dann kommt
eine amnestie manchmal
eine flucht vielleicht
oder ganz selten
protest aus aller welt

dann kommt das exil
mit schnee und regen manchmal
mit langen nächten ohne schlaf
mit sehnsucht
mit heimweh
mit brennendem herzen

schließlich kommt
der tod
und
ein grab
in fremder erde

## türkische statistiken

wie viele touristen
das land besuchen ist bekannt
wie viele journalisten
ermordet wurden nicht

wie viele professoren
an den universitäten lehren ist bekannt
wie viele häftlinge
gefoltert wurden nicht

wie viele moscheen
das stadtbild prägen ist bekannt
wie viele menschen
arbeitslos wurden nicht

wie viele soldaten
in der armee dienen ist bekannt
wie viele dörfer
vernichtet wurden nicht

## die druckerei meines onkels

mein onkel vehbi ist nicht mehr da
seine druckerei bleibt zurück
der kindergarten meiner sommermonate
ein blutiger weltkrieg
eine schmutzige scheidung
vier infame söhne
zwei verheerende erdbeben
konnten seine druckerei nicht vernichten

mein onkel vehbi ist nicht mehr da
sein buch bleibt zurück
die geschichte eines türkischen lebens
geschrieben mit schwieliger hand
in einer schrift
die jeden kalligraphen
zwischen istanbul und riad beschämen würde

mein onkel vehbi ist nicht mehr da
sein großmut bleibt zurück
von ihm erhielt ich meinen ersten lohn
mit ihm trank ich meinen ersten rakı
er war der erste
der meine frau willkommen hieß
im türkisch-griechischen zank der geschichte

mein onkel vehbi ist nicht mehr da
der tod nahm ihm sein leben
sein lächeln aber bleibt zurück

# tod in der türkei I

in einem land
mit blutiger tradition
hat der tod
eine lange geschichte

manchmal kam er schleichend
durch hunger seuchen dürre
manchmal kam er in der nacht
mit feuersbrunst mit kanonendonnern
manchmal kam er langsam
im kerker im gefängnis im exil
manchmal kam er schnell
durch ein fallbeil im hinterhof
einen strick auf dem marktplatz
durch geschickte hände
im sultanspalast

früher
brauchte es
für den tod
die drohung
von revolution und umsturz
oder einen blutigen aufstand

heute
genügt schon ein gedicht
oder ein lied
auf kurdisch

# Inhalt:

## den atem gottes spüren

## märchen aus vergangenen zeiten

*die träume buddhas*

*mit brennendem herzen*

Die Deutsche Bibliothek - CIP-Einheitsaufnahme

**Cumart**, Nevfel:
Unterwegs zu Hause: Gedichte /
Nevfel Cumart. - 1. Aufl. - Düsseldorf: Grupello, 2003.
 ISBN 3-89978-014-0 (Engl. Broschur)

1. Auflage 2003

© by Grupello Verlag
Schwerinstr. 55   40476 Düsseldorf
Tel. 0211 / 491 25 58 • Fax 0211 / 498 01 83
Einbandgestaltung: Matthias Vaskovics
Lektorat: Sofia Kutsopapa
Autorenfoto: Helmut Ölschlegel
Umschlagbild: Sofia Kutsopapa
Druck: Rosch-Druck, Scheßlitz

www.cumart.de • www.grupello.de

ISBN 3-89978-014-0